AF250594

DISCOURS

PRONONCÉS

PAR

HÉRAULT-SECHELLES,

PRÉSIDENT

DE LA CONVENTION NATIONALE,

Le 10 Auguste 1793,

A LA FÊTE DE L'UNITÉ

ET DE L'INDIVISIBILITÉ

DE LA RÉPUBLIQUE FRANÇAISE.

L'AN IIᶜ DE LA RÉPUBLIQUE FRANÇAISE,
UNE ET INDIVISIBLE.

FÊTE DE L'UNITÉ

ET DE L'INDIVISIBILITÉ

DE LA

RÉPUBLIQUE FRANÇAISE.

PREMIERE STATION.

DEVANT LA STATUE DE LA NATURE.

Souveraine du Sauvage et des Nations éclairées, ô Nature! ce Peuple immense rassemblé, aux premiers rayons du jour, devant ton image, est digne de toi : il est libre. C'est dans ton sein, c'est dans tes sources sacrées qu'il a recouvré ses droits, qu'il s'est régénéré. Après avoir traversé tant de siécles d'erreurs et de servitude, il fallait rentrer dans la simplicité de tes voies pour retrouver la liberté et l'égalité. O NATURE ! reçois l'expression de l'attachement éternel des Français pour tes lois ! et que ces eaux fécondes qui jaillissent de tes mamelles, que cette boisson pure qui abreuva les premiers Humains, consacrent dans cette coupe de la fraternité et de l'égalité, les sermens que te fait la France en ce jour, le plus beau qu'ait éclairé le Soleil depuis qu'il a été suspendu dans l'immensité de l'espace !

SECONDE STATION.

SOUS L'ARC DE TRIOMPHE

Élevé en l'honneur des HÉROÏNES des 5 et 6 octobre.

QUEL spectacle ! la faiblesse du sexe et l'héroïsme du courage ! O LIBERTÉ ! ce sont-là tes miracles ! C'est toi qui, dans ces deux journées où le sang, à

Versailles, commença à expier les crimes des Rois, allumas dans le cœur de quelques femmes, cette audace qui fit fuir ou tomber devant elles les satellites du Tyran. Par toi, sous des mains délicates, roulerent ces bronzes, ces bouches de feu qui firent entendre à l'oreille d'un Roi le tonnerre, augure du changement de toutes les destinées. Le culte que t'ont voué les Français a été impérissable, à l'instant où tu es devenue la passion de leurs compagnes. O Femmes! la Liberté, attaquée par tous les Tyrans, pour être défendue a besoin d'un peuple de héros: c'est à vous à l'enfanter. Que toutes les vertus guerrieres et généreuses coulent, avec le lait maternel, dans le cœur de tous les nourrissons de la France! Les Représentans du Peuple souverain, au lieu de fleurs qui parent la beauté, vous offrent le laurier, emblême du courage et de la victoire : vous le transmettrez à vos enfans.

TROISIEME STATION,

A LA PLACE DE LA RÉVOLUTION.

Avant de brûler les emblêmes du despotisme royal, nobiliaire et sacerdotal.

Ici la hache de la Loi a frappé le Tyran. Qu'ils périssent aussi ces signes honteux d'une servitude que les Despotes affectaient de reproduire sous toutes les formes à nos regards ! que la flamme les dévore ! qu'il n'y ait plus d'immortel que le sentiment de la vertu qui les a effacés ! Justice ! Vengeance ! Divinités tutélaires des Peuples libres , attachez à jamais l'exécration du Genre Humain au nom du traître qui, sur un trône relevé par la générosité , a trompé la confiance d'un Peuple magnanime. Hommes libres ! Peuple d'égaux , d'amis et de freres, ne composez plus les images de votre grandeur que des attributs de vos travaux,

de vos talens et de vos vertus. Que la
pique et le bonnet de la Liberté, que
la charrue et la gerbe de blé, que les
emblêmes de tous les arts, par qui la
Société est enrichie, embellie, forment
désormais toutes les décorations de la
République! Terre sainte! couvre-toi de
ces biens réels qui se partagent entre
tous les hommes, et deviens stérile pour
tout ce qui ne peut servir qu'aux jouis-
sances exclusives de l'orgueil!

QUATRIEME STATION.

A LA PLACE DES INVALIDES.

Devant la Statue colossale représentant le PEUPLE
FRANÇAIS.

PEUPLE FRANÇAIS! te voilà offert à
tes propres regards sous un emblême
fécond en leçons instructives. Ce géant
dont la main puissante réunit et rattache

en un seul faisceau, les Départemens qui font sa grandeur et sa force, c'est toi. Ce monstre dont la main criminelle veut briser le faisceau, et séparer ce que la Nature a uni, c'est le Fédéralisme. Peuple dévoué à la haine et à la conjuration de de tous les Despotes, conserve toute ta grandeur pour défendre ta liberté. Qu'une fois au moins sur la Terre la puissance soit alliée à la vérité et à la justice! Fais à ceux qui veulent te diviser la même guerre qu'à ceux qui veulent t'anéantir; car ils sont également coupables. Que tes bras, étendus de l'Océan à la Méditerranée, et des Pyrénées au Jura, embrassent partout des freres, des enfans! Retiens sous une seule loi et sous une seule puissance une des plus belles portions de ce Globe, et que les Peuples esclaves, qui ne savent admirer que la force et la fortune, témoins de tes vastes prospérités, sentent le besoin de s'élever comme toi à cette liberté qui t'a fait l'exemple de la Terre!

CINQUIEME STATION.

AU CHAMP DE LA RÉUNION, SUR L'AUTEL DE LA PATRIE.

FRANÇAIS, vos Mandataires ont interrogé dans quatre-vingt-sept Départemens votre raison et votre conscience sur l'Acte Constitutionnel qu'ils vous ont présenté ; quatre-vingt-sept Départemens ont accepté l'Acte Constitutionnel. Jamais un vœu plus unanime n'a organisé une République plus grande et plus populaire. Il y a un an, notre territoire était occupé par l'ennemi ; nous avons proclamé la RÉPUBLIQUE, nous fûmes vainqueurs. Maintenant, tandis que nous constituons la France, l'Europe l'attaque de toutes parts ; JURONS de défendre la Constitution jusqu'à la mort, la RÉPUBLIQUE est éternelle.

SIXIEME STATION.

AU MONUMENT FUNEBRE DES GUERRIERS MORTS POUR LA PATRIE.

TERMINONS cette auguste journée par l'adieu solennel que nous devons à ceux de nos Freres qui ont succombé dans les combats. Ils ont été privés de concourir à la Constitution de leur pays ; ils n'ont pas dicté les articles de la Charte française ; mais ils les avaient préparés, inspirés par leur dévouement héroïque : ils ont écrit la liberté avec leur sang. Hommes intrépides ! Cendres cheres et précieuses ! Urne sacrée ! je vous salue avec respect ; je vous embrasse au nom du Peuple Français ; je dépose sur vos restes protecteurs la couronne de lauriers que la Convention Nationale et la Patrie m'ont chargé de vous présenter. Ce ne sont pas des pleurs que nous donnerons à votre mémoire ; l'œil de l'homme n'est pas fait pour en répandre. Pour qui ces larmes ? Serait-ce pour vos parens et pour vos amis ? votre renommée les console. Ils se sont dit que vous étiez fortunés de reposer dans la gloire : ils n'ont jamais pu souhaiter que vous fussiez exempts du trépas , mais dignes d'avoir vécu. Serait-ce pour vous? Ah ! combien vous avez été heureux ! vous êtes morts pour la Patrie ; pour une terre chérie de la Nature , aimée du Ciel ; pour une Nation généreuse, qui a voué un culte à tous les sentimens , à toutes les vertus ; pour une République où les places et les récompenses ne sont plus réservées à la faveur , comme dans les autres Etats , mais assignées par l'estime et par la confiance : vous vous êtes donc acquittés de votre fonction d'hommes , et d'hommes Français ; vous êtes entrés sous la tombe après avoir rempli la destinée la plus glorieuse et la plus desirable qu'il y ait sur la Terre : nous ne vous outragerons point par des pleurs.

MAIS, ô nos FRERES! c'est en vous admirant, c'est surtout en vous imitant, que nous voulons vous honorer; et si, comme il est doux de le supposer quand on aime, les morts conservent quelque sentiment pour ceux qui vivent, je viens vous dire, au nom de tous vos amis que vous avez laissés sur le sol de la France, que nous sommes prêts à nous dévouer à votre exemple, impatiens d'atteindre l'ennemi et de continuer votre valeur, afin qu'on dise que vous étiez vraiment nos proches, et que votre cœur s'en réjouisse. Je viens vous dire que nous tâcherons même de vous surpasser; car si nous ne fesions que consommer le fonds de gloire que vous nous avez légué; si nos vertus ne luttaient pas avec les vôtres, vous seriez aussi humiliés de cette triste supériorité, que nous sommes flattés en ce jour de celle que vous avez sur nous. La Mort moissonne également le lâche et le brave: quand la Destinée nous rappellerait près de vous, comment pourrions-nous supporter votre accueil ? Une voix terrible s'écrierait : *Vous combat-tiez cependant pour la Justice et pour la Liberté !* ...... Non, chers Concitoyens ! GUERRIERS MAGNANIMES ! nous serons dignes de vous ; nous n'aurons à recevoir que vos embrassemens, vos éloges ; nous vous aurons vengés ; nous vous raconte-rons que nos mains ont achevé votre ouvrage ; que vos armes, dont nous avons hérité, étaient invincibles ; que la Répu-blique triomphe ; cette République qui, à elle seule, tient tête à tous les Tyrans, à toutes les viles passions conjurées, à tous les Peuples qui se déshonorent ; cette République que l'Humanité a char-gée de sa cause, et qui doit sauver l'Univers !

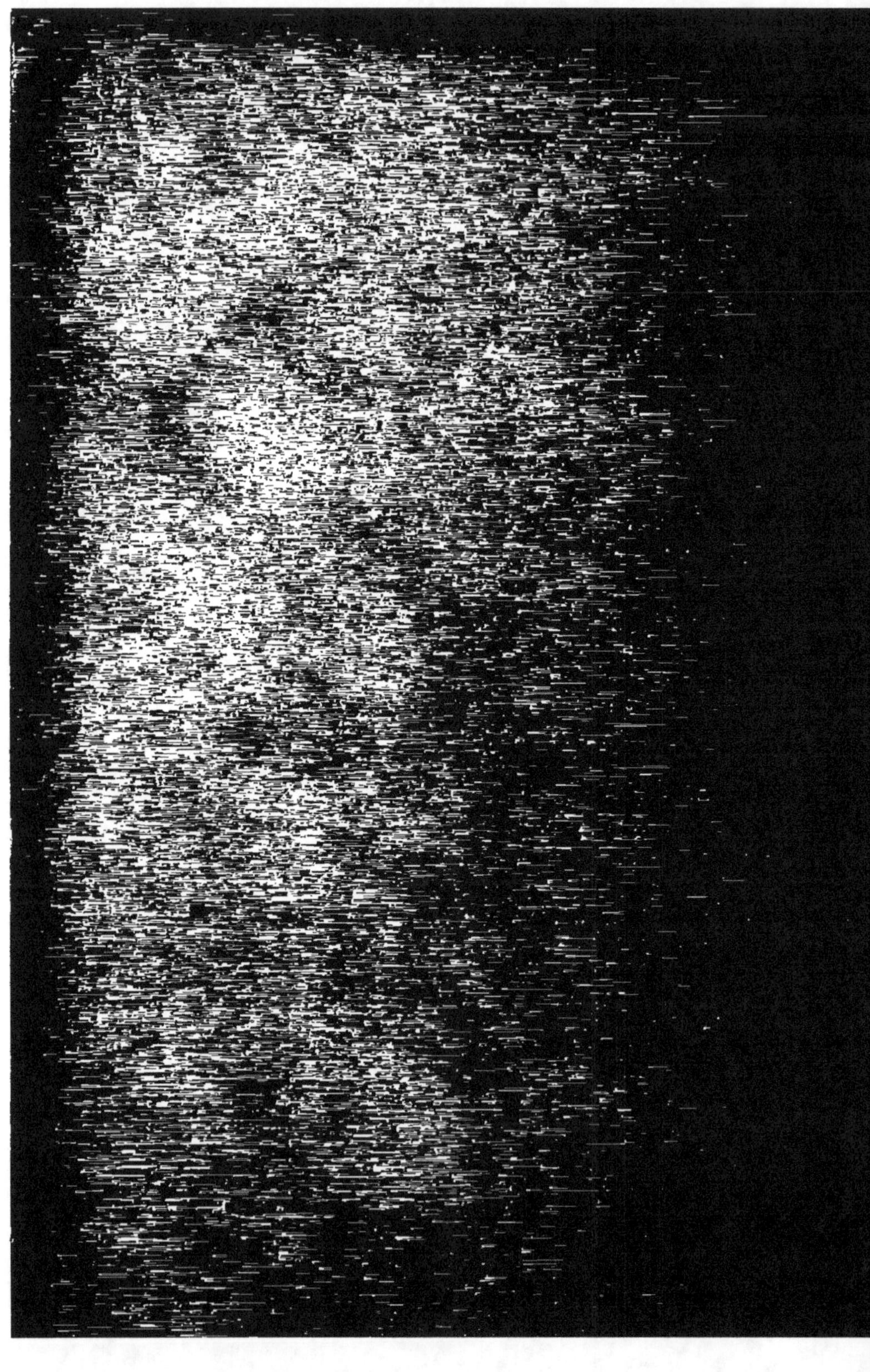

www.ingramcontent.com/pod-product-compliance
Lightning Source LLC
Chambersburg PA
CBHW051433060726
47596CB00006B/2474